中国历史上的劲旅

◎ 主编 金开诚

◎ 编著 霍慧婷

吉林出版集团有限责任公司

吉林文史出版社

图书在版编目（CIP）数据

中国历史上的劲旅 / 霍慧婷编著. —— 长春：
吉林出版集团有限责任公司：吉林文史出版社,2010.11（2023.4重印）
ISBN 978—7—5463—4112—5

Ⅰ.①古… Ⅱ.①霍… Ⅲ.①军队-军事史-中
国-古代-通俗读物 Ⅳ.①E291-49

中国版本图书馆CIP数据核字(2010)第222254号

中国历史上的劲旅

ZHONGGUO LISHI SHANG DE JINGLV

主编/金开诚 编著/霍慧婷

项目负责/崔博华 责任编辑/崔博华 钟杉

责任校对/钟杉 装帧设计/李岩冰 董晓丽

出版发行/吉林出版集团有限责任公司 吉林文史出版社

地址/长春市福祉大路5788号 邮编/130000

印刷/天津市天玺印务有限公司

版次/2010年11月第1版 印次/2023年4月第5次印刷

开本/660mm×915mm 1/16

印张/9 字数/30千

书号/ISBN 978—7—5463—4112—5

定价/34.80元

前　言

　　文化是一种社会现象，是人类物质文明和精神文明有机融合的产物；同时又是一种历史现象，是社会的历史沉积。当今世界，随着经济全球化进程的加快，人们也越来越重视本民族的文化。我们只有加强对本民族文化的继承和创新，才能更好地弘扬民族精神，增强民族凝聚力。历史经验告诉我们，任何一个民族要想屹立于世界民族之林，必须具有自尊、自信、自强的民族意识。文化是维系一个民族生存和发展的强大动力。一个民族的存在依赖文化，文化的解体就是一个民族的消亡。

　　随着我国综合国力的日益强大，广大民众对重塑民族自尊心和自豪感的愿望日益迫切。作为民族大家庭中的一员，将源远流长、博大精深的中国文化继承并传播给广大群众，特别是青年一代，是我们出版人义不容辞的责任。

　　本套丛书是由吉林文史出版社和吉林出版集团有限责任公司组织国内知名专家学者编写的一套旨在传播中华五千年优秀传统文化，提高全民文化修养的大型知识读本。该书在深入挖掘和整理中华优秀传统文化成果的同时，结合社会发展，注入了时代精神。书中优美生动的文字、简明通俗的语言、图文并茂的形式，把中国文化中的物态文化、制度文化、行为文化、精神文化等知识要点全面展示给读者。点点滴滴的文化知识仿佛颗颗繁星，组成了灿烂辉煌的中国文化的天穹。

　　希望本书能为弘扬中华五千年优秀传统文化、增强各民族团结、构建社会主义和谐社会尽一份绵薄之力，也坚信我们的中华民族一定能够早日实现伟大复兴！

目录

一、孙武的吴军   001

二、吴起的武卒   017

三、白起的秦军   031

四、项羽的楚军   045

五、霍去病的汉骑兵   059

六、沈庆之的南梁军   073

七、岳家军   085

八、成吉思汗的蒙古铁骑   099

九、戚继光的戚家军   113

十、曾国藩的湘军   125

一、孙武的吴军

自人类出现以来，战争就一直没有停止过。战争是政治集团之间、民族之间、国家之间的矛盾的最高斗争表现形式，是解决纠纷的一种最高、最暴力的手段，通常也是最快捷、最有效果的解决方法。中国的历代王朝，为了维护其统治，都极其重视自己的军队，而精锐的军队便可堪称劲旅。

孙武的吴军、吴起的武卒、白起的秦

军、项羽的楚军、霍去病的汉骑兵、沈庆之的南梁军、岳家军、成吉思汗的蒙古铁骑、戚继光的戚家军、曾国藩的湘军都骁勇善战、战功赫赫，并称中国历史上杰出的劲旅。

（一）一代兵圣——孙武

公元前551年，山东曲阜诞生了中国古代伟大的思想家和教育家——孔子，十六年后，山东广饶又诞生了我国古代一位伟大的军事家和军事理论家。他就是被后世称为"山东文武两圣人"之一的"武圣"——孙武。孙武也就是孙子，字长卿，齐国人，后人又尊称其为孙武子。

孙武自幼聪慧睿智，机敏过人，勤奋好学，善于思考，富于创见，逐渐显现出对军事的爱好和特有的天赋。又因其生在一个祖辈都精通军事的世袭贵族家庭，从小受到将门家庭的熏陶，所以特别喜欢军事。每当祖父、父亲从朝中回到家里，年幼的孙武总是缠着他们讲故事。他特别喜欢听打仗的故事，而且百听不厌。

除了听故事，孙武还有一个最大的爱好就是看书，尤其是兵书。孙家祖辈精通军事，家中收藏的兵书非常多。小孙武就喜欢拿着写满字的竹简翻看，边看边想，不明白的地方就请教家里聘的老师，或直接找祖父、父亲问个明白。

有一次，孙武读到"国之大事，在祀与戎"，他就跑去问老师："先生，祀是什么？戎是什么？"

老师想今天孙武问的问题倒是简单，于是随口说："祀是祭祀，戎是兵戎。"

孙武接着问："祭祀是种精神寄托，怎么能和兵戎相提并论为国家的大事呢？"

老师也愣住了，一时答不出来。

孙武接着说："只有兵，才是国家的大事，是君臣不可不察的大事。"

孙武长到8岁，被送到当时的学校接受系统的基础知识教育。在所有的课程中，他最喜欢的就是"射"和"御"。因为"射"和"御"是战场拼杀的基本技能，也是齐国社会竞技活动的主要项目。

齐国自古就有"尚武"之风，齐人的祖先就以善射远近闻名。受尚武思想的影响，齐国从国君到士兵，莫不以勇武为荣。"射"和"御"，是齐人首练的武技，主要用于长距离的攻击，是军事活动的重要手段。齐人向来以"射"术和"御"术的高低为荣辱，这已成为一种社会风尚。要想出仕入相，为国家重用，首先必须练好这两门科目。

于是孙武刻苦练习，对"射"和"御"这两门科目投入了比其他学生多数倍的努力，甚至到了废寝忘食的地步。功夫不负有心人，不久他就成了同辈贵族少年中的佼佼者。

但孙武没有满足，没有就此止步，依

旧是冬练三九,夏练三伏。因为他志不在小,年少的心中有一个理想,那就是长大后要像他的祖父、叔父一样,成为一位驰骋疆场的大将军。

时光荏苒,二十年后,这位少年果然成为春秋时期的一代兵圣。

(二)孙武出山

公元前512年,南方新兴的吴国国君阖闾即位已三年,此时吴国国内稳定,储备充足,军队精悍,战事的准备工作基本就绪。阖闾为图霸业,准备向西进兵攻打楚国,但是,一时难以选出一位合适的将领。伍子胥建议吴王说,这样的长途远征,一定要选一位神通韬略的军事家筹划指挥,方能取胜。接下来,他向吴王阖闾推荐了孙武,向吴王介绍孙武的家世、人品和才干,称赞孙武是个文能安邦,武能定国的盖世奇才。此时的孙武正在吴

国隐居著书，吴王连孙武这个名字都不曾听说过，认为一介农夫不会有什么大本事，也就没往心里去。伍子胥便反复推荐，仅一个早晨就推荐了七次，吴王才答应接见孙武。

孙武就带着他刚写成的《孙子兵法》十三篇进见吴王。吴王一边看一边连声称好，但忽然想到，这兵法写得头头是道，但不知是否适合于战争的实际应用？这个人能写兵法，又怎么能证明他不是个纸上谈兵的人？便有心为难他，让他当场用宫女来小规模地演练一下。这便上演了历史上有名的"吴宫教战斩美姬"的故事。

吴王将宫中一百八十名美女召到宫后的练兵场，交给孙武去演练。孙武把一百八十名宫女分为左右两队，指定吴王最宠爱的两位美姬为左右队长，让她们带领宫女进行操练，同时指派自己的驾车人和陪乘担任军吏，负责执行军法。

分派之后，孙武站在指挥台上，认真宣讲操练要领。他说道："你们都知道自己的前心、后背和左右手吧？向前，就是目视前方；向左，视左手；向右，视右手；向后，视后背。一切行动，都以鼓声为准。"安排就绪，孙武便击鼓发令，然而尽管孙武三令五申，宫女们虽口中应答，心中却感到新奇、好玩，于是不听号令，哈哈大笑，队形散乱。孙武便召集军吏，要按兵法斩杀两位队长。这时看台上的吴王可坐不住了，他见孙武要杀掉自己的爱姬，马上派人传命说："寡人已经知道将军能用兵了，没有这两个美人侍候，寡人吃饭也没有味道，请将军赦免她们。"孙武毫不留情地说："臣已受命为将，将在外，君命有所不受。"孙武执意杀掉了两位队长，任命两队的排头充当队长，继续练兵。当孙武再次击鼓发令时，众宫女前后左右，进退回旋，跪爬滚起，全都合乎规矩，阵形十分整齐。于是孙武派人去

请阖闾检阅，阖闾因为失去了爱姬，心中不悦，就托辞不来，孙武便去亲自拜请阖闾。他说："令行禁止，赏罚分明，这是兵家的常法，为将治军的通则。对士卒一定要威严，只有这样，他们才会听从号令，打仗才能克敌制胜。"听了孙武的一番解释，吴王阖闾怒气消了，并任命孙武为将军。

在孙武的严格训练下，吴军的军事素质明显提高，这为吴国在不久后爆发的吴楚大战中获胜奠定了基础。

（三）柏举吴军定天下

"千里破楚，五战入郢"，《史记·孙子吴起列传》中有："（吴国）西破强楚，入郢；北威齐、晋，显名诸侯，孙子与有力焉！"这里所说的"西破强楚，入郢"一事，就是春秋末期（公元前506年）爆发的著名的吴楚柏举之战。

这是一场精心筹划的长途奔袭战，是一场给楚人留下永久伤痛的颠覆战，也是一场将阖闾推上霸主地位的奠基战。

在这场战争中，孙武带领吴军改写了楚国霸权的历史。

吴国和楚国是春秋时期的两个国家，为了争夺霸权，从公元前584年两国第一次交战开始，其后六十年里先后发生十次大规模的战争，据统计，十次大战中，吴军全胜六次，楚军全胜一次，互有胜负三次。可见，柏举之战前，吴军已经在整体上占据了战略的主动权。

吴王阖闾是一位英明有为的君主，他即位以后励精图治，发展生产，并大胆起用伍子胥、孙武等外来杰出军政人才，积极从事争霸大业。这时，西方的强楚，就成了吴国胜利前进道路上的最大障碍。也就是说，只要打垮或者削弱楚国，阖闾才能实现自己成为中原霸主的

梦想，所以吴楚大战势在必行。可谓吉人自有天助，当时的楚国长年征战，百姓疲惫，财力衰竭，君臣离心，这些都为阖闾实现梦想提供了有利的契机。

从整体上来说，楚对吴还是有一定优势的。所以公元前512年，阖闾第一次提出大举攻楚的战略计划时，孙武认为不妥，便进言道："楚军是天下的一支劲旅，而我军新近打了两次仗，应养精蓄锐，等待良机。"于是，吴国积极运用谋略，主动创造条件，悄悄地进行着优劣的转换：首先是不痛不痒地弄掉了楚的两个小属国钟吾（江苏宿迁）和舒（安徽庐江），这为伐楚扫清了道路；其次，也是更为重要的，是孙武和伍子胥共同制订了一套扰楚、疲楚的高明战略。他们将吴军分为三支轮番出击，一会儿是夷（安徽涡阳），一会儿是潜（安徽霍山），一会儿又是六（安徽六安），很有游击战的味道，让楚国大军疲于奔命。一奔就是六年，再强大的国家也被拖垮了。更高明的是，吴国的持续骚扰，让楚国误以为吴国只不过是小打小闹而已，渐渐放松了警惕。

公元前506年，吴国终于等来了对楚国进行致命一击的时刻。由于当时楚国的兵力远胜于吴国，统帅孙武决定采用快速作战的方针。这年冬天，吴王出动全国三万水陆之师，对楚国进行战略奇袭。吴军沿着淮水向西进军，后来孙武为了作战神速，使敌人没有准备，便改水路为陆路。随后他挑选精壮士兵三千五百人，以急行军的方式，秘密挺进到楚国的边境，取得了"出其不意，攻其不备"的战略效果。这次行动堪称实践孙武"以迂为直"原则的杰出典范。

毫无准备的楚昭王得到消息，急忙派大将囊瓦和沈尹戌率领全国兵力迎敌。双方在柏举

（今湖北安陆一带）展开决战。沈尹戌向囊瓦建议：由囊瓦率楚军主力正面设防，他本人则率部分兵力迂回到吴军的背后，然后对吴军实施前后夹击，一举消灭吴军。这是一个很有战略的计谋，可以说是楚军击败吴军的最好途径。

囊瓦起初同意了沈尹戌的建议，可是当沈尹戌率领部队出发以后，囊瓦却听信部下的谗言，害怕战争胜利后沈尹戌的功劳比自己的大，就改变了原来的作战计划，在没有充分准备的情况下，率先向吴军发起进攻。

孙武见楚军主动出击，大喜过望，立即建议撤退。囊瓦果然中计，尾随吴军而来，自小别山脉至大别山脉，连续与吴军交战，但结果总是被孙武打败，从而士气低落、军队疲惫。

吴军见楚军已陷入完全被动的困境，于是当机立断，决定同楚军进行战略决战。十一月十九日，吴军在柏举（今湖北境内)列阵迎战楚军。吴军主动进攻,结果楚军不堪一击,阵势大乱。囊瓦失魂落魄,弃军逃奔郑国。

楚军主力在柏举决战中受到重创,然后向西狼狈而逃。吴军及时实施战略追击,尾随不舍。终于追及楚军并给予沉重的打击。这时,囊瓦的部队基本上失去了战斗力。沈尹戌得知囊瓦主力溃败,急忙率领军队赶来救援。吴军在孙武的指挥下,包围了沈尹戌的军队。在无法突围的情况下,沈尹戌命令部下割下自己的头向楚王报告。楚昭王听说前线部队打了败仗,不顾大臣们的反对,也不顾全城军民的生死存亡,悄悄带上几名家眷逃离了国都。这个消息传到前线,楚军立即涣散,吴军攻入楚国国都。于是柏举之战以吴军的辉煌胜利而告终。

柏举之战是春秋末期一次规模宏大、战法灵活、影响深远的大战。从柏举之战到拿下楚国的郢都,前后只有十天时

间。这期间，楚军虽然敌寡我众，但却是五战五败，输得惨不忍睹。这固然与楚国备战不足和君臣无能有关，但与吴军以孙武为统帅，号令自一人出，坚定地贯彻自己的战略战术也是密不可分的。其一是采取了扰楚疲楚的正确策略，使楚军疲于奔命，并且放下戒备；二是选择了很好的进攻方向，"以迂为直"，实施远距离战略袭击，使楚军准备不足，在十分被动的情况下仓促应战；三是把握有利的决战时机，先发制人，一鼓作气击败楚军的主力；四是及时进行战略追击，不给楚军任何重整旗鼓、进行反击的机会，最终得以顺利取得战争的胜利。

柏举之战使吴国一举战胜多年的敌手楚国，给了长期称霸的楚国十分沉重的打击，从而有力地改变了春秋晚期的整个战略格局，为吴国的进一步崛起以及进而争霸中原奠定了坚实的基础。

二、吴起的武卒

（一）坎坷的一生

今天我们提起先秦的军事家，可能会很自然地想到孙武和他伟大的著作《孙子兵法》，其实在战国时曾有一位与孙武齐名的军事家，他就是吴起。吴起是卫国左氏(今山东定陶县西)人，战国时期著名的政治改革家、军事将领和军事理论家。他著有《吴起兵法》，在中国古代军事典籍中占有重要地位。郭沫若称赞吴起是"中国历史上永不会磨灭的人物"。

吴起出身于没有政治特权的"千金"之家,他的父亲是一个富有的商人,早年累积了一些资产,但去世很早,少年吴起与母亲一起生活。从古至今,大凡英雄人物总是迫切地追求出人头地、有所作为,他们有着常人所不能理解的强烈梦想。吴起青年时期就怀有在政治上飞黄腾达的强烈愿望,但他并非将门世家出生,这注定了他要付出比别人更多的努力。

吴起自幼聪明异常,但却行为乖僻。他为了做官,出门四处游说,耗尽了父亲积攒的家产,却没有成功。失意的吴起竟然一怒之下杀了三十多个毁谤他的乡邻,逃出卫国向东而去。他在与母亲告别时说:"我吴起不做上卿相,就绝不再回到卫国。"

此后吴起跑到鲁国拜儒家大师曾子为师，他潜心学习儒术，学业有成。曾子很欣赏吴起的聪明，没想到在吴起求学期间，他的母亲突然去世了。由于吴起对母亲立下的誓言没有实现，竟然没有回去奔丧。吴起的举动极大地违背了儒家关于孝道的传统，曾子因此很鄙视他的为人，和他断绝了师徒关系，并将他逐出师门。儒术没学成，吴起干脆跑去从军。

不久，齐国攻打鲁国，鲁国国君听说吴起有大才，便想拜吴起为统帅，出兵抵御齐国。但是吴起娶了齐国的女子为妻，鲁君对此放心不下。为了消除鲁君的疑虑，吴起竟然杀了自己的妻子，以此来撇清自己与齐国关系。鲁君最终拜他为帅，大败齐国。虽然吴起大获成功，但其"杀妻求将"的恶行成了永远抹不去的印记，不仅遭到鲁国人的唾骂，最后连鲁君也觉得吴起心地歹毒，最终革了他的职。

彷徨中的吴起听说魏文侯求贤若渴，

便去投奔他。魏文侯以吴起作为统帅攻打秦国，在战场上，吴起充分显示了他过人的军事天赋，连续攻克五座城池。此后，吴起又在西河担任太守，政治改革成果显著。出色的表现使吴起遭到同僚的嫉妒，为了躲避灾祸，吴起离开了魏国投奔楚国。

楚悼王重用吴起，准许吴起在楚国进行大刀阔斧的改革，谁料他的改革又触犯了贵族的利益。在楚悼王的丧礼上，仇视吴起的贵族向他发起袭击，吴起索性跑到楚悼王的尸体旁，伏在尸体上，作乱者却依然乱箭齐发，终将吴起射死，也把楚悼王的尸体射得千疮百孔。新王登基之后，将因射刺吴起而射中了悼王尸体的人全部杀死，因射刺吴起被诛灭宗族的竟达到七十多家。而吴起的尸体也早被车裂肢解了。吴起死时约60岁，在楚国共生活了四年。

（二）辉煌的业绩

吴起的一生是充满传奇色彩的。吴起每到一国，只要国君重用他，他必然能使该国强大起来。吴起既是伟大的军事家，又是有所作为的政治家。

吴起在魏国时，魏文侯命他攻打秦国，吴起不负所望，在两年的时间里，陆续攻占了临晋、元里、洛阴、郃阳等地，使秦军一直退守到洛水，这样，黄河以西至洛水的大部分地区，都归魏国所有。特别是公元前389年的阴晋之战，吴起以五万魏军，击败了十倍于己的秦军，成为中国战争史上以少胜多的著名战役，也使魏国成为战国初期强大的诸侯国。

吴起做将军时，和最下层的士兵同衣同食。睡觉时不铺席子，行军时不骑马坐车，亲自背干粮，和士兵共担劳苦。野营在外时，吴起作为一位大将军，仅仅

以树枝遮体，微微抵挡一下冰霜雨露，从不搞特殊化。这种吃苦耐劳精神，使他堪称将领们的典范。

关于吴起，还有一些有趣的故事。

有一次，一个士兵身上长了个脓疮，为了不让士兵的伤口化脓而发炎，作为一军统帅的吴起，竟然亲自用嘴为士兵吸吮脓血，全军上下无不为之感动。然而这个士兵的母亲得知这个消息时却哭了。

有人奇怪地问："你儿子不过是个小小的兵卒，将军亲自为他吸脓疮，你哭什么呢？儿子得到将军的厚爱，这是你家的福分啊！"

这位母亲哭诉道："这哪里是在爱我的儿子啊，分明是让我儿子为他卖命。想当初吴将军也曾为孩子的父亲吸脓血，结果打仗时，他父亲格外卖力，奋勇冲锋在前，最终战死沙场；现在他又这样对待我的儿子，我真是不知道这孩子什么时候就再也回不来了啊！"

吴起在军中是很得人心的。吴起爱兵，是他治军的一个特点；而他治军的另一个特点，则是严刑峻法。

在一次对秦作战中，一个士兵没有接到命令就奋勇进击，斩获敌人两颗首级。谁知吴起不但没有赏赐，反而命令立即将其斩首。

负责执行军法的官吏为之求情："将军，不能杀，这是勇武的士兵啊。"

吴起说："是勇武的士兵不假，但是不遵守我命令的士兵，就必须处死。"

吴起的爱兵和严法，使士兵既感恩又服气，使军队更便于指挥，更有战斗力。

吴起一生为鲁、魏、楚三国建立了巨大的功勋。他在魏国建立的制度，使得魏国成为战国初期的头号超级大国；入楚后又实行变法，他强调以法治国，废除人浮于事的职位，剥夺豪门贵戚的政治特权和经济特权，满足军队的需要，加强军队的建设，让第一线士兵有更好的生活保

障。这样，在吴起的治理下，楚国短时间内就强大起来。凭借国力的强盛，吴起又收服了众多的少数民族部落；兼并了陈国和蔡国，挡住了三晋的南侵；向西讨伐了强大的秦国。一时间，各诸侯国都敬畏强大起来的楚国。令人遗憾和不平的是，楚国在吴起的治理下虽然强大起来了，但楚国的贵族们却因自身利益受损而对吴起咬牙切齿，这导致了后来吴起的惨死。

可以说，吴起的才华胜过了孙武，吴起智慧过人，胸怀远大，既能治兵又能治国，但他因为不奔母丧、杀妻求将等劣迹，而在品德上沾染了巨大的污点，这也就是吴起的名声远逊于孙武的原因。《吴起兵法》是继《孙子兵法》之后的又一部珍贵的军事著作。吴起虽为人有缺陷，然

而并不能影响他以杰出军事家的身份在
青史上占有一席之地。

（三）武卒与阴晋之战

    吴起治军主张兵不在多，而在"治"。
"魏武卒"就是吴起训练的精锐步兵，是
我国军事史上第一支职业化和具有专业
化性质的军队。魏武卒与吴起一样具有
传奇色彩，是当世的步战士兵中最为精
锐和剽悍的。

    吴起在镇守西河期间，首创了考选
士兵的方法：穿上全套的铠甲，手执一支
长戈，身上背着五十支长箭和一张铁胎
硬弓，同时携带三天军粮（这一套东西要
百十多斤），连续急行军一百里还能立即
投入激战的士兵，才可以成为武卒并享受
优厚的待遇。为了提高军队的作战速度，
吴起开始训练将士们骑马作战，于是，一
个兼有战车和步卒优点的新兵种——骑

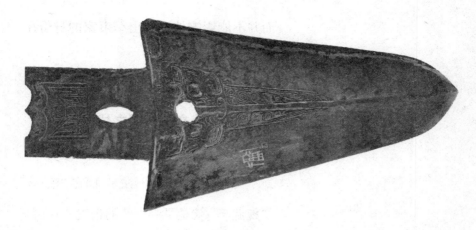

兵应运而生了! 吴起再一次走到了时代的
前面, 这一举措不仅在当时的中国是先进
的, 就是在世界范围内也是绝对领先的。
经过长达两年的艰苦训练, 武卒成为了一
支 "疾如风, 徐如林, 侵略如火, 不动如
山" 的强悍铁军。

公元前405年, 一支在后来的二十几
年中威震列国的军队——"魏武卒" 在西
河正式诞生了。正是这样一支精锐的军
队, 在公元前389年的阴晋之战中, 以五万
的数量击败十倍于己的秦军, 谱写了中国
战争史上以少胜多的著名战役。

魏文侯在位时, 国力强盛, 曾经派出

大批军队攻取了秦国河西地区，使秦军退守洛水一带。秦国失去河西战略要地，其安全受到严重威胁。经过数年的准备，秦国开始进攻魏国，先后与魏国交战于汪和武城，企图夺回河西要地，魏国军队则全力与秦军作战。公元前389年，秦国再次调集五十万大军，浩浩荡荡进攻秦国东进道路上的重要城邑阴晋。秦军在阴晋城外布下营垒，形势十分危急。魏国在河西驻守了一支精锐军队，那就是武卒。时驻西河太守的吴起为激励军队保持高昂士气，请魏武侯来参加军队的庆功宴，使宴会达到了最高的规格。他又根据军功的大小和有无，在座位、餐具和食品等方面严格加以区别。立大功的坐前排，使用金、银、铜制的贵重餐具，可以吃到猪肉、牛肉、羊肉；立次功者坐中排，贵重餐具和食品都相应减少；无功者坐后排，不允许使用贵重餐具。宴会结束后，吴起还在大门外赏赐有功者的父母妻子。吴起

每年都慰问阵亡者的家属，并派人赏赐
他们的父母。如此治军三年，士兵无不争
相立功。这次秦军一进攻河西，武卒立即
有数万士兵不待命令就自动穿戴铠甲，要
求作战。面对这次秦军的大规模进攻，吴
起请魏武侯派五万名没有立过功的人为
步兵，由自己率领反击秦军。武侯同意了，
并加派战车五百乘、骑兵三千人。战前一
天，吴起向三军发布命令说，诸吏士都应
当跟他一起去对敌作战，无论车兵、骑兵
和步兵，"若车不得车，骑不得骑，徒不
得徒，虽破军皆无功"。然后，吴起率领
武卒在阴晋向秦军发起反击。武卒人数
虽少，却个个奋勇杀敌，以一当十。武卒
经过反复冲杀，大败五十万秦军，取得了
辉煌的战果。

三、白起的秦军

（一）战神白起

公元前475年，中国进入到战国时代，在那个战火纷飞的年代，逐渐强大起来的秦国崛起了一位卓越的军事统帅，他就是白起。白起征战三十七年，斩首百万，攻城百余，掠地万里，一生未曾打过一次败仗！成为当时六国无可匹敌的军事将领，为秦国的统一大业立下了汗马功劳，他的战绩创造了中国兵法的最高典范。《史记》中称白起"料敌合变，出奇无穷，声震天下"。

当年秦国实行的是法家军功制度，几乎所有的大将都是在战场中拼杀出来的，即便是世家子弟，没有功劳，就只是兵士一名。在这种环境下，诞生了白起这个从基层凭战功一步一步走向无敌的大将。战国四大名将——白起、李牧、廉颇、王翦，四人都没有经过系统的兵家学习，而是纯粹的"行伍出身"，从小兵做起，在杀戮与拼杀中凭借战功不断提升，名留后世。

其他战国名将，如魏国的吴起、庞涓，齐国的孙膑，燕国的乐毅，都是先拜师学习，成为兵家名士后，再前往心仪的国家，希望得到英明君主的赏识。而且他们都懂政治、讲权谋，所以，在某种程度上说，他们不能算是纯粹的战场之斗将。

　　白起不懂政治，他是从战争中一步一步搏杀成大将的。公元前294年，白起第一次作为秦的将领，去攻打韩国的新城。新城之战是白起的第一场战争，他作为一位中级将领，一战告捷，初步展示了自己的军事才华。从此，秦国进入了白起的征战时代。

　　新城之战，打开了秦国东进的大门，韩国当然不会善罢甘休，便找到魏国帮忙夺回新城，于是韩魏联合了二十四万大军，聚集在伊阙（今洛阳域内），向白起宣战。此时白起的秦军在数量上只有韩、魏联军的一半，并且联军占据着险要的地势。然而天才就是善于审时度势，能看到战争里面最关键的那个点是什么。白

起很快发现联军各自保存实力，互相推诿，谁也不肯先战。针对这种情况，他果断地采取了集中兵力、逐个击破的战术。先设疑兵牵制联军主力韩军，然后集中兵力出其不意地猛攻魏军，一举将其歼灭，并杀死了主将犀武。随后立即转用兵力攻打韩军。韩军翼侧暴露，遭秦军夹击，溃败而逃。白起乘胜追击，又全歼韩军，俘虏了韩将公孙喜。这样，白起彻底扫平了秦国东进的道路。

白起用兵灵活，一向以精通韬略著称。伊阙之战之后，在攻打楚国的鄢郢之战中采用掏心战术，并附以水攻，仅用万余人便攻克了楚国的都城。华阳之战中采用了长途奔袭。长平之战中则先假装败退，然后断敌粮道，歼敌四十五万。开创了我国历史上最早、规模最大的包围歼灭战。

白起一生领兵打仗无数，共歼灭六国军队一百余万。这个天文数字让人瞠目。攻六国城池大小七十余座，然而谁能想到，在战火连天的岁月里，他一生从来没有打过败仗，并且经常以少胜多。

六国军队只要听说是白起带兵来战，都闻风而胆寒，就是因为秦人有此将军。一个将领到了这样一种地步，在战争史上是很少见的。

可以说白起是为战争而生的一个人，战争就是他的生命。他左右了整个战国的格局，秦统一中国的基础就是白起一手奠定的。军事上，他是一个最纯粹的战神。中华名将从古到今有很多，有的长于突击，有的善于围歼，有的谋于野战，有的智于攻坚。但要说全才，恐怕只有白起一人——他可以将攻城掠地，野战突袭，

打围聚歼, 奇兵埋伏等等集于一身。

(二) 长平之战

长平之战已经被载入了战争史册, 人类战争史上, 长平之战可谓浓墨重彩的一笔。

公元前260年, 秦国与赵国在长平决战。战争持续了整整两年, 最后以秦国的胜利而终结。长平之战既是改写历史的关键战役, 也是世界军事史上最残酷、最壮烈的重大战役, 更是中国历史上最早、最彻底的围歼战。其规模之大、战果之辉煌, 在世界战争史上也是罕见的。

白起攻打韩国之后, 占领了野王城,

切断了韩国上党郡和国都的联系。韩国
想要献出上党郡来向秦国求和，但是上
党郡的郡守不愿投降，而请赵国发兵来
取上党郡，这就给秦国攻打赵国留下了
借口。

公元前260年，秦国和赵国总共调集
了一百万的军队在长平展开了殊死大战，
为了使赵军轻敌，秦昭襄王先任王龁为
将，白起作为秘密武器在战争的中途才
被秘密派往战场。赵国的统帅是久经沙
场的老将廉颇。双方僵持了多日，赵军损

失巨大。廉颇便根据敌强己弱、初战失利的形势，决定采取坚守阵营来等待秦兵进攻的战略。秦军不管怎么挑衅，赵军也不出兵。不懂战术的赵王多次责备廉颇。

这时秦相应侯范雎便派心腹带着一千斤黄金悄悄潜入赵国，上上下下打点妥当。不多时，赵国都城邯郸便流言四起，就连赵孝成王的亲戚和左右近臣也都开始议论纷纷，"人老无刚啊，老将廉颇只会坚守不出，怎么能抵挡强大的秦军呢？""秦军最怕的就是年轻的赵括将军啊！"赵王听信流言，派赵括替代了廉颇为将。可惜赵括初出茅庐，急功近利而又情绪浮躁，他的上任导致赵国大难临头，最终灭亡。

果然，赵括上任以后，一反廉颇的战略部署，不仅临战更改部队的制度，而且大批撤换将领，使赵军战斗力下降。当战争进行到关键阶段的时候，秦昭襄王暗中换上了白起为统帅。赵括虽骄傲自大，但也畏惧白起为将。所以秦王下了一道密旨：有胆敢泄露武安君（白起）为将者斩。从这个侧面也可以看出长平之战的重要性，这场战争是两国的生死大战，规模相当庞大，两国都调集了各自的全部兵力，两国的整个兵力加起来应该有一百万左右。在两千多年前，这无异于天文数字。双方谁都输不起。这场战争决定了战国晚期由谁来统一中国的问题。

白起接过兵权之后，针对赵括缺乏作战经验、鲁莽轻敌的特点，采取了后退诱敌、包围歼灭的作战方针。他命前沿部队承担诱敌任务，在赵军进攻以后，假装败走后撤；以主力军队坚守阵营，阻止赵军的进攻；以二万五千人为奇兵，布置在阵营的两翼，准备抄到赵军后方，切断其退路，协同主力军队围割赵军；最后以骑兵五千人插入赵军阵营中间，分割赵军。八月份，赵括在不明虚实的情况下，贸然

采取进攻行动。秦军假意败走, 暗中张
开两翼设置的奇兵挟制赵军。赵军乘胜
追到了秦军的壁垒, 而秦军早有准备, 壁
垒十分坚固, 赵军根本无法突破。白起又
令两翼的奇兵迅速出击, 将赵军截为三
段。这时赵军的状况是首尾分离, 粮道被
断。秦军又派轻骑兵不断骚扰赵军。赵军
的战势危急, 只得就地筑构垒壁, 转为防
御, 等待救援。

秦王听说赵军被围, 粮道被切断, 毅
然亲临河内督战, 把当地15岁以上的男子
编组成军, 调到长平战场, 占据高地, 断

绝赵国的援军和粮草，以保障白起歼灭被围困的赵军。

到了九月份，赵兵已经断粮四十六天，饥饿不堪，甚至暗相杀食，情况异常危急。赵括走投无路，重新集结部队，分兵四队轮番突围，但都没有成功。他在绝望之计，亲自率精锐部队强行突围，结果被秦军射死。赵军因无主将指挥，四十万士兵全部投降白起。至此，长平大战以秦军的胜利告终。

然而，白起把投降的四十万赵国士兵全部坑杀，只将年纪尚小的二百四十名士兵放回赵国报信，赵国举国痛哭。这一战，秦军前后共歼灭赵军四十五万人，

自身也伤亡过半。白起坑杀降卒的行为，为自己留下了骂名。但我们今天仍然尊白起为战神——不要忘了，白起打的是歼灭战，以消灭敌人

的有生力量为目的。战国时候人口不多，人力资源比国土资源更加宝贵。假使在一场战争中，俘获了大量的士兵，那么战争结束后，如果把他们放了，他们回到自己的国家，战争再次爆发时，他们仍是战士，战争会一场接着一场地打下去。

长平之战中，如果不杀掉投降的士兵，这四十五万赵军很快就将又组成队伍，秦军等于白白一战。白起为国家前途考虑，做出了残酷而无奈的选择。战后，六国中再无一国可与秦国抗衡，秦国的国力远远优越于同时代各国，这极大地加速了秦国统一中国的进程。

四、项羽的楚军

(一) 西楚霸王的一生

西楚霸王项羽是一座丰碑, 永远在历史的长廊中供后人瞻仰。

项羽, 楚国名将项燕的孙子, 中国古代起义领袖, 著名军事家、战略家。中国军事思想 "勇战派" 代表人物。人称西楚霸王, 虽然不曾登上皇帝宝座, 但权位如同皇帝一般, 这在近古是从未有过的。他

的出现，犹如彩虹架在雨后的天空，无比夺目；也犹如一道闪电划过黑暗的天空，令同时代的军事家都黯然失色。

少年时期的项羽就胸怀大志。他的叔父项梁曾经请人教他书法和诗歌，可项羽三天打鱼两天晒网并不专心；后来他的叔父又请人教他武艺，过了一段时间他就不愿意学了；项梁很生气，项羽却振振有词地说："学文不过能记住姓名，学武不过能以一抵百，我要学便学万人敌！"于是项梁便教授他兵法。青年时的项羽曾经在浙江目睹秦始皇出巡，见那浩浩荡荡的阵势，项羽不禁脱口而出："我可以取代他。"可见他的远大志向和英雄气概。

后来陈胜、吴广大泽乡起义之后，项羽也和叔父举兵共同响应，项羽在一次战役中独自斩杀了许多敌人，展现了非凡的能力。24岁的项羽，就这样开始了他传奇的军事人生。

公元前208年，项羽与秦国将领章邯在巨鹿大战。巨鹿之战是项羽的一个天才之作，是军事史上的典范。项羽率楚军与秦军九次较量，使秦军损兵折将，项羽乘胜追击，终于迫使章邯及其残兵投降。

秦朝被推翻以后，项羽在鸿门设宴招待刘邦，史称"鸿门宴"。鸿门宴是项羽永远无法弥补的缺憾，他刚愎自用，不听劝告，没有在宴会上杀掉刘邦，结果日后被刘邦所困而自杀身亡。

项羽虽有英雄气节，但也有残暴的一面，他坑杀了秦国降兵二十多万，失了人心。打下天下建都城的时候，不选择战略要地，却选了自己的故乡，原因无非是要让故乡人知道自己如今富贵了。

因为刚愎自用和性情残暴，项羽失去了很多谋臣义士，也失掉了民心，最终在楚汉之争中惨败。在

垓下被刘邦的军队围得水泄不通,夜间率残兵冲出重围,逃到乌江边时只剩自己孤零零一个人,他觉得没有脸面见江东父老,于是没有上船逃走,而是在乌江边自杀身亡。

项羽的一生既是辉煌的一生,也是悲壮的一生。项羽是天才的军事家,但却远远不是天才的政治家。尽管这样,他的天才之作——巨鹿之战和彭城之战,千百年来依然足以光耀军事史。

(二)动人心弦的巨鹿之战

我们都知道大秦的军队是何等的雄风,横扫六国,打遍天下。然而我们也知道秦的短命。秦国的江山之所以坐得短暂,有其复杂的综合原因。但是给予大秦最沉重打击的, 便是项羽的杰作——巨鹿之战。

巨鹿之战不是项羽与常人的较量, 而是英雄与名将的较量。项羽的对手是久经沙场的名将和劲旅。巨鹿驻扎着两支秦军队伍。一支是赫赫有名的王离带领的边防军, 大概有二十多万人。另一支由大将章邯带领, 也同样作风刚猛。所以项羽的对手是四十万的正规军队以及当时的一代名将。

但是项羽的军队相比之下让人觉得势单力孤, 人数只有五六万, 主力军队只有三四万, 是他叔父项梁的残军和他自己的亲兵, 其余的都是收编的各路杂牌义

军。所以项羽的军队是个大杂烩，战斗力没有经过测试，指挥起来肯定是有难度。并且，项羽不能打持久战，因为他的粮草供给不足；也不能逃跑，因为逃跑的路上会被秦军赶上。当时在巨鹿和项羽同一立场的，还有各路的诸侯援军，大家都知道这一仗关系重大、影响深远，但却都怕自己的军队被强大的秦军消灭，所以都在一旁观望，没人愿助项羽一臂之力。

然而，所谓天才，正是善于审时度势，排除万难，以自己最强攻击对方最弱，从而赢取胜利。

项羽立刻就发现了秦军的弱点，王离军围巨鹿，章邯军驻扎在他的南面，负责筑甬道运，输粮草以及随时准备救援。所以只有切断他们之间的联系，集中自己的最强力量攻打其一，才有可能取胜。

所以项羽派英布、蒲将军率两万人为前锋，渡河切断秦军运粮的甬道，分割王离和章邯的军队。小胜后，项羽发现甬道是秦军的弱点，就断然决定倾尽主力攻打甬道。他率领全部主力渡河，只带了三天的干粮，破釜沉舟，鼓舞士兵，只许胜，不许败。这支大杂烩的军队，本来向心力不足，但是项羽已将他们置之死地，不拼搏怎么能生存呢？所以都奋勇杀敌，与王离军交战，居然九战全胜！

这时反秦起义军看清了项羽的实力，便都一哄而上，参与进来，共同打败了秦军。巨鹿之战取得了光辉的胜利。

项羽的楚军，赢就赢在一个"快"字，项羽让士兵只带三天干粮，就是让他们要在三天之内击败秦军，夺取粮草。这实在出乎对方两员大将的意料，章邯听到项羽袭击甬道后，立刻带军赶来救援。项羽早有准备，以逸待劳，倾自己所有军队大败章邯军。而章邯无论如何也

不会想到那是项羽所有的军队。

（三）不可思议的彭城之战

项羽是天生的军事家，这种天赋，甚至是其他将领用毕生努力都换不来的。

彭城之战是他导演的又一场以少胜多的经典战役——项羽以三万楚军，千里奔波而来，歼灭了刘邦的五十六万大军。

秦国灭亡之后，项羽分封天下，在诸侯中称霸。此时的刘邦被封在偏远的巴蜀之地，刘邦一直心怀不满。项羽率楚军在东边平定齐国之乱时，后方空虚。刘邦于是率五十六万大军攻打项羽的都城彭城。一路上刘邦大军所向无敌，四月份攻下了彭城，这时的刘邦似乎已经胜利了。

而此时的项羽却陷入了空前的困境中。齐国还未平定，如果收兵回去救都城的话，齐国一定会从背后捅他一刀。而且这次刘邦是来者不善，善者不来，刘邦带来诸侯联军五十六万，而项羽自己的兵力远少于这个数字。城池都被刘邦占领，项羽如果掉头救援的话，就连个根据地都没有了。就算带兵回到了彭城，楚军也是千里奔波，敌人则以逸待劳，有所准备。

尤其让项羽失望的是，他曾经的盟友英布竟在这紧要关头背叛了他，没有出手相助，反而对项羽的危难作壁上观。

就在这重重逼迫下，一个流星般耀眼的计划在项羽的头脑里出现了——他决定采取长途偷袭战。

他让自己的部下率领大军继续不动声色地平定齐国，又以自己的镇定迷惑齐国，以自己的不管不顾迷惑刘邦。接着，他偷偷

率领三万精兵千里奔波，绕到了彭城后方，也就是西南的萧县。楚军长途跋涉，走的是间接路线，绕了一个大圈子，项羽却掩饰得如此完美，以至于已经到了刘邦军队的后方，都丝毫没有被发觉。我们不得不佩服项羽高超的隐蔽性。

项羽的楚军到达彭城后方以后，就默默等待最佳时机，即刘邦兵将最松懈的时候。刘邦大军全部进入了彭城之后，城内混乱，而且将领们也都忙着部署迎战项羽的防御工作。一天清晨，彭城还在沉睡中，敌人正处于最疲惫的时候，忽然鼓声大作，项羽仿佛从天而降，率精兵大战彭城。刘邦大军恍若梦中，怎么都弄不明白——他们昨天还在打听北边齐国项羽的消息呢。

接着项羽直接对准刘邦的指挥中枢猛攻，这就使刘邦的指挥部处于瘫痪状态，来不及组织军队抵抗，根本没有喘息的机会。然后项羽又利用驱赶的方法把

他们逼到了河边上，刘邦的士兵在混乱和拥挤中掉进河中淹死了。

这时，混乱中的联军由于无法与刘邦指挥中心取得联系，自然也没有组织起有力量的反抗。项羽采用了骑兵驱赶的方法，把联军引向了南方的谷水、泗水，共追杀了十多万联军。至此，这场不可思议的三万人对五十六万人的大战，项羽胜局已定。

项羽的一次次伟大的胜利，就在于他能在局势如此不利的情况下迅速找到对方的弱点，这实在有赖于他的军事天赋。再宏大的阵势，也会存在弱点，战争就是要抓住对方的弱点猛攻，同时把自己的弱点缩到最小，而这正是项羽的过人之处。

五、霍去病的汉骑兵

（一）英雄出少年

霍去病是西汉的杰出将领，大将卫青的外甥，他以年轻、"善骑射"、勇于冲杀、敢于带兵深入而闻名于世。霍去病的一生是短暂的一生，但也是辉煌灿烂的一生。他未满18岁就主动请兵出征，多次击败匈奴，是令匈奴闻风丧胆的战神。24岁病故。

　　霍去病的家庭比较特殊。他的母亲是平阳公主府的一名女仆，名叫卫少儿，在与平阳县的小吏霍仲孺私通以后生下了霍去病。霍去病尚在母亲腹中的时候，这位小吏就不愿意承认自己是孩子的父亲，所以霍去病就成了私生子。霍去病从小生活在下层人群中，生活十分艰苦，但这也养成了他勤奋、肯吃苦、坚毅的品格。他努力学习，从小就练就了骑马、射箭、击刺等各种武艺。

　　后来，他的姨母卫子夫被汉武帝看

中，很快成为夫人，地位仅次于皇后。从此以后，卫氏家族就开始步步高升。但是谁也没有想到，这个家族的平步青云居然改变了匈奴长期侵扰汉族的历史。

在汉武帝以前，边境地区常常受到匈奴的侵略，但是面对野蛮的匈奴，国家总是战败，束手无策。所以"和亲"也就成了国家经常使用的手段。当年刘邦为了平息战争，就答应把公主嫁出去，吕后当然不舍得把自己的女儿嫁出去，于是就认了一个平民家的女子做女儿，将其远嫁他乡。

然而从卫氏家族崛起以后，这种百年不变的面貌竟然焕然一新。

公元前130年，汉武帝派兵分四路出塞。只有第一次领兵的卫青，出上谷直捣龙城，斩杀匈奴七百多人。从此，卫青的军事才华得到认可，武帝经常命他出征。

公元前123年，汉武帝再次组织了对匈奴的反击战争。这时霍去病不满18岁，但是他听说舅舅又要出征了，便心怀壮志

地向汉武帝请战,武帝见他年轻英勇,就同意了,封他为骠姚校尉,由卫青挑选了八百名英勇善战的骑兵归他指挥。他率领着这支分队超前大军数百里地,在茫茫大漠里追击敌人,最终斩杀了两千多个敌人,抓获了单于的叔父,斩杀了单于的祖父。

霍去病初战告捷,以自己的实力宣布军事史上的一颗新星诞生了,而且不是一颗普通的新星,是汉家最具威慑力的一员大将!

之后,霍去病连连创下非凡的战绩,大战河西、决战漠北。由于他战功显赫,武帝封他为大司马骠骑将军。

霍去病被封为大司马骠骑将军后,有一次出河东,过平阳时,与生父霍仲孺初次相见。此时他的生父仅仅是一个身份低微的小吏,然而难能可贵的是,霍去病竟然跪倒在地说:"我很晚才知道我是您的遗子。"身为一军之将、国家重臣,霍去病对这个小吏如此尊敬，没有任何埋怨奚落之情，他原谅了这位从没抚养过他一天的父亲。后来，霍去病又将他同父异母的弟弟霍光带回京城，留在身边栽培成材。

霍去病一生在外征战，出生入死，茫茫大漠留下了他与汉骑兵多少足迹，落日余晖又照下了他们多少身影。我们赞叹他这种为国忠勇的豪情，我们也钦佩他不以家事为念的精神。汉武帝为了奖励他，为他修了一座豪华的府邸，叫霍去病去看看是否满意。不料想霍去病竟然严肃地拒绝了，他对武帝说："匈奴未灭，无以家为也。"这短短九个字掷地有声，饱含耿耿忠心和豪情壮志。武帝也大为感动，从此更加看重霍去病。

然而可叹的是，霍去病刚刚被封为

大司马骠骑将军两年，就因病去世了。

这位少年将军在世时，人们钦佩他、爱戴他；在他死后，人们都哀思他、怀念他。武帝本来就看重霍去病，这时更是悲伤，特意命人在自己的茂陵旁边为霍去病修建了一座形状像祁连山的陵墓。霍去病的墓至今仍在茂陵旁边，墓前的"马踏匈奴"石像，象征着他为国家立下的永不磨灭的战绩。

（二）汉骑兵威震塞外

霍去病所率领的骑兵，无论是八百人的"轻勇骑"，还是一万人、五万人的大军，都是武帝特批的让他自己精心挑选出来的优秀士兵。这些士兵不仅武艺高强，而且作战勇敢，加上优良的储备，所以霍去病的部队是汉军的一支精锐，战斗力远远强于其他将领的部队。

这支军队有一流的将领和一流的士

兵，所向披靡，威震塞北。匈奴一度让边境的汉人家破人亡，而这支军队却让匈奴唱出了这样的哀歌："亡我祁连山，使我六畜不蕃息；失我焉支山，使我妇女无颜色。"

霍去病及其汉骑兵大败匈奴主要有三次战争，两次是河西大战，一次是漠北之战。这三次大战一次比一次规模大，一次比一次精彩，漠北之战一直打到今天俄罗斯的贝加尔湖，方才收兵。真是长我民族威，快我人民心！

公元前121年春天，武帝任命霍去病为骠骑将军，独自率精兵一万攻打匈奴。这就是河西大战。在霍去病的指挥下，汉骑兵势如破竹，所向披靡，在茫茫大漠中长途奔袭，打了一场漂亮的大迂回战。六天之内穿过五个匈奴王国，一路猛进，在皋兰山与匈奴发生激战。在这场硬战中，霍去病惨胜，一万精兵仅仅剩余了三千人。而匈奴更是被打得落花流水，卢侯王

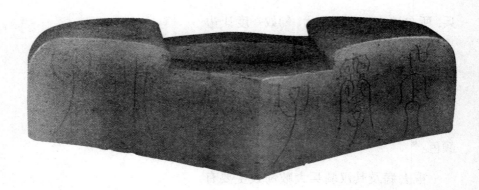

和折兰王都被阵斩，浑邪王子以及相国、都尉都被活捉，八千九百多个匈奴兵被歼灭。连匈奴休屠王的祭天金神像都被霍去病当做战利品运了回来。汉骑兵大获全胜，汉武帝非常高兴，封霍去病为食邑两千户。此后，汉王朝中再也没有人质疑少年霍去病的统军能力，他成为士兵最崇敬的将领，士兵们都希望能跟随霍去病征战，后来他舅舅卫青麾下的一些将士都追随了霍去病。

这年夏天，汉武帝决定乘胜肃清全部匈奴在河西地区的势力，打通进入西域之路，于是又发动了第二次河西之战。这次霍去病理所当然地成为了汉军的统

帅，老将李广等人作为他的策应部队。然而，配合作战的公孙敖在大漠中迷了路，而老将李广的部队被一支匈奴部队围住。霍去病只好孤军深入，一直抵达祁连山。霍去病的战术神秘莫测，打得匈奴晕头转向，再次惨败。祁连山一战，霍去病总共接受匈奴单桓王、酋涂王及相国、都尉等二千五百多人投降；抓获了王母、单于阏氏、王子、相国、将军、当户、都尉等一百二十多人；歼灭了匈奴兵三万多人。

这场战役之后，匈奴只好灰溜溜地退到了焉支山北面，大汉王朝收复了河西平原。汉军士气大振，而19岁的霍去病也成了令匈奴闻风丧胆的常胜将军。

匈奴主力虽然远逃漠北，但是仍未放弃对汉族边境的侵犯和掠夺。公元前119年，汉武帝决定远征漠北，彻底消灭匈奴主力。此时的霍去病已经毫无争议地成为了攻打匈奴的头号将领。

这次远征，卫青和霍去病各领骑兵

五万，分两路向漠北进军。卫青出塞后一千多里，遇到匈奴单于的主力，将其打败，斩杀了一万九千多人，又追了很远才胜利而归。

而霍去病出发以后，重用几位投降的匈奴将领，在大漠里纵横驰骋，翻山越河，奔袭了两千多里，整整是卫青军队行军距离的两倍，路途极其遥远，艰苦可想而知，壮志雄心也可见一斑！与匈奴左贤王相遇后，大败左贤王，活捉匈奴王爷三人，以及将军、相国、当户、都尉八十三人。歼灭匈奴兵竟然达到七万名，使匈奴左贤王的军队几乎全军覆没。霍去病率兵一直追到了狼居胥山。为了庆祝这次胜利，霍去病在狼居胥山举行了祭天封礼，在姑衍山举行了祭地禅礼。这不仅是一种仪式，更表明了少年霍去病要把匈奴赶到天涯海角的信心和雄心。之后他登上了瀚海，也就是今天俄罗斯境内的贝加尔湖，在湖边的石头上刻下汉军的丰功伟

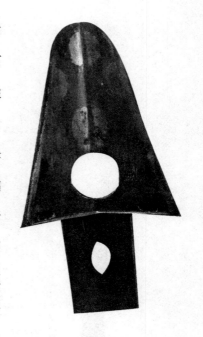

绩，然后凯旋。

这一大快人心的远征令人们心潮澎湃，更让无数文人吟咏感怀，"铁骑猛扫狼居胥，金戈狂扫焉支山""瀚海登临，狼居封禅，殊功建树"。而这一年，霍去病年仅22岁。

从此以后，匈奴迁到更偏远的地方去了，长城内外一片和平气象，人民安居乐业。

霍去病及其汉骑兵谱写了汉民族战争史中最为荡气回肠的战役，历经千年，仍然让我们在心底深深地感动，让无数汉族儿女为之热血沸腾。

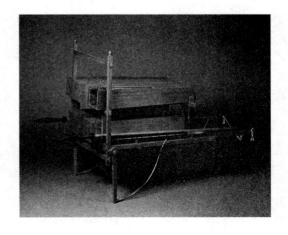

六、沈庆之的南梁军

（一）大器晚成的将军

西晋末年东晋初年，当时南方的一些少数民族开始大规模地入侵，此后情况越来越严重。南方少数民族种族繁多，到南朝时，竟然占据了南朝相当广阔的一片地域。这些少数民族烧杀掠抢，使南方地区广大百姓的生活不得安宁，朝廷的半壁江山陷入了巨大的危机之中。

后来，这些南方少数民族终于遇到了克星，一位威震南疆的将军出现了，他在知天命和花甲之年使敌人闻风丧胆——他就是沈庆之。

沈庆之，生于今天浙江一带，南北朝时期的著名将领。他并非像霍去病一样英雄出少年，他是一位大器晚成的将军，40岁的时候尚不出名。

少年时候的沈庆之，是一个有理想的人。399年，五斗米邪教教主孙泰的侄子孙恩发动了有名的孙恩之乱。当时沈庆之未满18岁，也跟随同乡的人一同与叛乱军作战，并且表现得很勇敢。

然而，他的军事才能没有得到充分发挥。叛乱被镇压下去之后，乡里的百姓都失散迁徙了。沈庆之也只好去种田耕地了，自己养活自己。时间一年一年过去了，沈庆之30岁了，依然没受到命运之神的眷顾。也许正是因为南方少数民族的猖狂，南方百姓的苦恨，军事天赋超群的沈

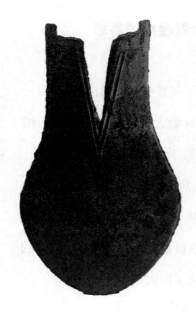

庆之才从默默无闻的人群中凸显出来。

沈庆之的哥哥沈敞之是赵伦之的征虏参军。有一次，沈庆之去看望他的哥哥，恰巧遇见了赵伦之，经过一番交谈，赵伦之觉得沈庆之是一个很有理想、很有才华的人，便让自己的儿子——竟陵太守赵伯符任命沈庆之为宁远中兵参军。沈庆之去了之后就开始帮助赵伯符反击来侵犯的野蛮人，他摸索着总结出了一套对付野蛮人的方法。而赵伯符自从有了沈庆之的帮助，每次作战都会取得胜利，赵伯符因功劳显著，得了将帅之称。

而沈庆之仅仅是殿中员外将军。后来，一个重要的转机来临了。430年，沈庆之随赵伯符一起参加了河南之战，赵伯符途中生病，半路返回。于是沈庆之有机会与当时北宋的头号名将檀道济一起北伐，并显示了他的军事才能。回来之后，檀道济在文帝面前夸奖沈庆之忠谨晓兵，这样大家才了解了他的能力。于是文

帝让沈庆之领兵防卫东掖门，后来回京后做了淮陵太守。这个时候他已经四五十岁了。

领军将领刘湛知道了沈庆之的才能后，想把这个人才拉拢到自己身边，谁知沈庆之一脸正气地拒绝了他，说道："下官我是在省城十多年了，应该上调的时候就上调了，不想因这事烦累您。"不久之后，沈庆之果然转为了正员将军。

沈庆之这一生对皇帝忠心耿耿，不管时局怎样，都毫无二心。

440年，文帝深夜召见沈庆之入宫，沈庆之穿着戎装就来了。文帝见了非常惊讶，问他怎么打扮成这样。沈庆之说："深夜召见我，一定是有非常紧急的事情，为了赶时间，我就不能准备衣着了。"皇帝对沈庆之的回答非常满意，便派他去抓捕吴郡太守刘斌，并将其斩首。

之后，沈庆之被封为员外散骑侍郎。

　　几年后，又被封为建威将军，从此开始了他勇镇南疆的辉煌的后半生。

　　他不仅是南蛮的克星，在北伐战争中也是战绩非凡，简直是文帝的左膀右臂。另外，在宋朝的内战中，沈庆之也始终对皇室忠心不二，为宋朝中央统治的稳定贡献了自己的力量。

　　而沈庆之的人格更让我们钦佩。455年，沈庆之已是年满70岁的老人，便向皇帝请求辞去职务。皇帝念他这么多年一直在战场拼杀，便授予了他好几个显要的官衔，可沈庆之却诚恳地回绝了皇帝。于是皇帝准许他辞职，给了他很高的待遇。沈庆之还多次请求皇帝降低他的待遇。名利虽是身外之物，却千百年诱惑着世人的心，真是难得沈庆之淡泊自守，与凡事皆为利往的贪官形成了鲜明的对比。

465年初，沈庆之做了一个梦，梦见有人拿着两匹绢送给他，对他说："这两匹绢够长了。"醒来以后，沈庆之有一种不祥的预感，他对家里人说："也许我今年将不会幸免于难。两匹，也就是八十尺。够长了，没有余下的了。而我今年恰好80岁啊。"果然这一年，兢兢业业、忠心耿耿的沈庆之，因多次对皇帝诚恳进言而被皇帝赐死。享年80岁。

（二）勇镇南疆

442年，宋朝雍州刺史刘道产病故了，这对宋朝可是个不小的损失。刘道产在任时，善于管理，人民都安居乐业，汉族和当地的南方少数民族倒还相安无事。可是他死后，后来的刺史却管理不好了。于是南方少数民族开始闹事，反抗宋朝。南方地区又陷入了人心惶惶、混乱不安的局面。宋朝便派征西司马朱修之领兵镇压，结果朱修之首战就遭到惨败。这时，朝廷想起沈庆之，就封沈庆之为建威将军，派他去协助朱修之。

谁想到朱修之不久就进了监狱，于是56岁的沈庆之代替了他的位置。第一次战争，就俘虏了万余人，大长了其军队的威风。之后沈庆之升任广陵王诞北中郎中兵参军，为南东平太守，又为武陵王刘骏做军中兵参军。

445年，沔水沿岸各部落的野蛮人又开始嚣张，聚众闹事，反抗宋朝，使水陆交通全都堵塞了。大宋王朝简直忍无可忍。七月，武陵王刘骏掌管雍州刺史，去襄阳就职，并派沈庆之领兵前往讨伐。沈庆之再次显现了他的军事才华，以迅雷不及掩耳之势打了敌人一个措手不及，大败南蛮兵，这一次又俘获了两万多人。同时，刘骏亲临襄阳，但各族野蛮人竟然切断了驿道，还妄图攻打随郡。随郡

太守柳元景赶紧招募了六七百人组织拦截。这一仗在沈庆之的指挥下，堪称出神入化，竟以七百人的军队抓获了七万南蛮兵。

449年的十二月，又是一场恶战。

雍州地区的野蛮人又开始发动叛乱，严重干扰了我国南方地区广大汉人的和平生活。无义之师必遭歼灭，宋朝对此进行了坚决的镇压。沈庆之跟随刘诞来到了襄州，率将士两万人去打一场斗智斗勇的恶战。沈庆之命四员大将分兵四路进攻，自己负责总指挥以及一侧的进攻。这一次，蛮族狡诈地放弃了野战，利用居高临下的地形防守，并向下投放了滚滚巨石和利剑。沈庆之的军队奋勇前进却无法突破，一时间士兵的鲜血洒满了山谷。在困难面前，沈庆之没有屈服，他经过冷静的分析，很快制订了新的作战方案。他让自己的将士们改变战术，摆脱拦截的野蛮人，大胆出击，迅速地冲向敌人的核心地带。果然，这种闪击战术使蛮族胆战心惊，来不及抵御，防御工事瞬间被攻破。沈庆之的军队再一次取得了大胜。

然而蛮族却此起彼伏，连冬都没让沈庆之的大军过好，冬月，南新郡的野蛮人大头目田彦生发动了叛乱。他们进城以后，见到什么抢什么，无论贵贱；见人就杀，无论老少。掠杀之后，野兽一般地将城郡以火焚毁。这暴行实在令人发指！随后赶来的沈庆之军队热血沸腾，迅猛追赶到白杨山，满含着愤怒荡平了田彦生的部队，使这个丧心病狂的头目死无葬身之地。

沈庆之的后半生注定在马背和战场上度过。白杨山之战后一年，他又马不停蹄地赶往茹丘山讨伐大羊蛮。面对蛮军异常坚固的防御系统，沈庆之只好先打理好自己阵营的防御工作。他神招妙计，令各个军营开门相通，还特别让士兵在营内挖掘水池。不久后一个月黑风高的晚上，蛮军来偷袭烧营寨，沈庆之军队早有准备，用池水浇灭火焰，并用箭使蛮兵落荒而逃。后来山上的蛮兵虽然防守坚固，但被围困久了，粮草没了，只好下山投降。

这一场场的胜利，使沈庆之成为了威震南疆的军神。他患有头风，经常戴着狐皮帽，因此得到了"苍头公"的外号。当地的野蛮兵每次看到沈庆之的军队，都胆战心惊地说："不好了，苍头公又杀回来了！"

沈庆之以如此的高龄在南方地区驱除南蛮，战绩显赫，为我国南方地区的和平和安定奋战了数十年。让后世的中华儿女为之敬仰。

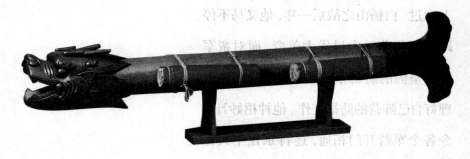

七、岳家军

（一）精忠报国——岳飞

怒发冲冠，凭栏处潇潇雨歇。

抬望眼，仰天长啸，壮怀激烈。

三十功名尘与土，

八千里路云和月。

莫等闲，白了少年头，空悲切。

靖康耻，犹未雪；

臣子恨，何时灭！

驾长车踏破贺兰山缺。

壮志饥餐胡虏肉,

笑谈渴饮匈奴血。

待从头,收拾旧山河,朝天阙!

好一个怒发冲冠,是何等的豪情壮志;好一个仰天长啸,又是何等的壮怀激烈。为了抗金事业"莫等闲",这是对祖国强烈的责任感,一片爱国之情洋洋洒洒跃然纸上。"踏破贺兰山缺"更是表达了对金兵的仇恨。

一曲《满江红》,写出了出师北伐、壮志未酬的悲愤心情。也是岳飞一生精忠报国的写照。

岳飞是我国南宋时期著名的抗金名将、军事家。他精忠报国、忠贞不渝的精神让无数中华儿女敬佩,是我国伟大的民族英雄。他率领的军队被称为"岳家军",是一支令敌人生出"撼山易,撼岳家军难"感叹的铁血劲旅。

岳飞出生于河南一个贫苦的农民

家庭。小的时候就非常聪明，勤奋好学。《孙子兵法》《吴起兵法》和《左氏春秋》是他特别喜爱的书。他还学过枪法和骑射，能左右开弓，并成为全县无敌的击枪手。青年时的岳飞体力过人，又因刻苦锻炼，传说能挽三百斤的强弓、开八石的腰弩。

1122年，宋国为了攻打辽国扩充军队，招募士兵。20岁的岳飞应募入军，从此转战南北。后来金军攻打宋国，岳飞又参加了反击金军的战斗。在宋金交战中，由于高宗采取积极议和、消极抵抗的政策，所以宋军虽然积极抵抗，却总是胜少败多。后来，一个无名的低级将领居然击

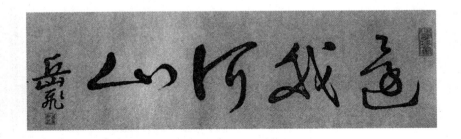

败了金军主将金兀术，收复了大片被占领的土地，从此以后，这个名叫岳飞的人就一举成了举世闻名的抗金名将。

岳飞对祖国可谓一片赤诚之心，他以国家安危为重，自己却简朴奉公，吃苦耐劳。

岳飞在外征战时，和士兵同吃住，生活条件非常艰苦。有一次受到地方官员招待，吃到"酸馅"（一种类似包子的面食）这种在官员富商们看来很普通的食物时，惊叹道："竟然还有这么好吃的食物。"之后还特意带回去几个给家人分享。

岳飞一家生活非常简朴，有一次，高宗为了奖励岳飞，要给他在杭州修建一处豪华的府院。岳飞辞谢道："北虏未灭，臣何以家为？"

南宋的大将大多家产丰厚，而唯独岳飞是个例外。岳飞被害抄家时，全部的家产仅有两千多两白银，其中包含的几千匹麻布和几千担粮米，还是准备给军队用的。

岳飞作为一军统帅，更是智勇双全，身先士卒。

岳飞擅长各种兵器，射箭达到三石，刷新了宋朝的最高射箭记录。岳飞用兵很灵活，不拘泥于常法。尤其善于在野战中以步兵集团抗击骑兵集团。所以在宋金战争中，屡建奇功。

岳飞不管是作为低级将领还是一军统帅，都身先士卒，做出榜样。有一次战斗，他全身遭受几十处创伤，还坚持冲锋在最前方。岳家军被主帅的士气所感染，都凶猛无比，可以一当十。

岳飞集高尚的品格和卓越的才华于一身，使卑鄙苟且的小人自惭形秽，也阻挡了他人出卖国家利益和民族利益来牟取私利。1141年，宋高宗解除了岳飞作为抗金将领的兵权。秦桧派刺客谋杀岳飞没能得手，继而又派他的爪牙诬陷岳飞谋反，可怜一代名将岳飞和他的儿子岳云

就这么被逮捕入狱。可是秦桧在审讯的过程中实在找不到任何谋反的证据，便前无古人地发明了"莫须有"的罪名，即"也许有，不见得没有"的意思。多么厚颜无耻的"莫须有"啊！"不见得没有"怎么能治一个人死罪呢？可叹欺软怕硬、苟活于求和的高宗竟然接纳了这个罪名，真让普天下的忠勇之士寒透了心。岳飞死时，年仅39岁。

（二）岳家军

岳飞在战斗中经常取胜，令金兵畏惧，其原因就是他有一支英勇善战、纪律严明并且深受百姓爱戴的精良部队——岳家军。

　　岳飞非常重视纪律严明，所以岳家军以赏罚分明而著称。况且岳飞一碗水端平，对自己的儿子也不袒护，不论亲疏远近，都一视同仁。所以他的部下都能够服从号令，勇于效命。由于岳飞出身于贫苦农民家庭，所以他对小户群众的疾苦深有体会。在他领兵的过程中，严格要求士兵不能打扰老百姓的生活。踩伤庄稼的，妨碍农田耕作的，在市场上买东西强行交易的，都坚决处以死刑。而岳飞也能以身作则，与士兵同甘共苦，从不搞特殊。这样，岳家军深受百姓爱戴与拥护。堪称"冻死不拆屋，饿死不打虏"的典范。

　　岳飞主张用兵贵在精而不在多，所以他非常重视岳家军的训练工作，在平时的训练中就从严要求。他经常带领将士们练习登城、爬山、跳壕沟等项目，在练习的时候就像在战场上一样，将士都穿着沉重的铠甲。这种真实的模拟环境，大大提高了岳家军的战斗能力。

到了1135年，岳家军的兵力由于吸收了各路将士，已经从三万多增加到了十万人左右。岳家军至少有十二统制军，其中正将、副将和预备将各八十四名。王贵和张宪是岳飞的副手，岳飞不在时可以代替岳飞指挥，主持岳家军全军的事务，徐庆、牛皋和董先这三个人最以勇猛善战闻名，这五个人堪称岳家军的中坚人物。

（三）岳家军勇战郾城颍昌

岳家军最出名的两次战役当数郾城之战和颍昌之战。这也是宋金战争中的两次以少胜多的大战。在血与火的战场上，岳家军勇胜金军。

1139年，金兀术分兵四路，向宋朝发动大规模军事进攻。苟且的朝廷求和不成才被迫命令备战。

由岳飞率领的岳家军从湖北出发，很快进入了河南中部，接连取胜，主力已经攻打到了颍昌。这个时候，狡诈的金兀术发现岳飞的主力都在前方，岳飞自己只有少量的军队驻扎在颍昌，便打算偷偷地带一万五千精锐骑兵袭击岳家军的指挥中心。岳飞很快打探到这个消息，选择了离城池二十里的地方，双方主将及各自最精锐的部队开始了一场硬碰硬的较量。金军出动了重甲骑兵和拐子马。重甲骑兵在战场上是很有杀伤力的，就是让军士穿上沉重的铠甲，戴着铁帽子，三个人一组，用皮带连起来，每进一步，就用木头环卫，只进不退。一排一排，真有

铜墙铁壁之感。但岳飞自有应对的秘密武器，他把取胜的重任交给了自己强大的步兵，让他们拿着麻扎刀、大斧子，上砍敌兵，下砍马腿。因为铠甲再厚，盔甲再多，马腿上却没有伪装，岳家军抓住金军弱点，砍掉敌方的马腿，敌人从马上掉下来阵势也就乱了。这一战岳家军大胜，砍杀了大量金军，金军的重甲骑兵也不能发挥所长。

智哉，岳飞！勇哉，岳家军！

一个月后，金兀术不甘心郾城之战的失利，在临颍集结了十二万的兵力准备打一场翻身仗。他首先想要切断岳飞与王贵两军的联系，不久张宪率军来与金兀术大军决战，派岳家军的悍将杨再兴领三百骑兵为前哨。没想到杨再兴行军到小商桥时与金军主力突然相遇，虽然敌众我寡，坚毅的岳家军仍然奋勇杀敌两千，为国捐躯。金兀术被岳家军分号背嵬军的这种惊人的战斗力震慑，转而攻颍昌。岳飞知道后马上派儿子岳云火速增援正在颍昌的王贵。年仅22岁的岳云率领八百名亲卫军骑兵首先攻打金军，步兵随后也排开严整的队形前进，掩护骑兵，与金军的拐子马搏战。岳云与金军苦战了几十个回合，出入敌军阵营十多次，全

身受伤一百多处。很多步兵和马军也杀得"人为血人，马为血马"，但却没有一人回头。中午的时候契机降临，负责守城的董先和胡清冲出重围率五千多军士增援，战局很快扭转，大败金军，共杀敌五千多人，俘虏两千多人，缴获战马三千多匹。

岳家军全线进攻，在距开封二十公里的朱先镇击溃了金军。至此，岳飞反击中原的战争取得了重大胜利。岳飞甚至很乐观地对部下说自己要破酒戒："今次杀金人，直到黄龙府，当与诸君痛饮。"

谁知不久之后奸臣作祟，岳飞的第四次北伐因为政治原因而失败了。

八、成吉思汗的蒙古铁骑

（一）一代天骄——成吉思汗

成吉思汗，即元太祖，是历史上一位叱咤风云的人物。他一生征战四十年，从统一蒙古开始，南征北战。对民族融合和今天的版图格局有着重要的影响。

成吉思汗雄才大略，英勇善战。他既懂得充分发挥蒙古骑兵的特长，又善于吸收其他民族的战略战术以及兵器来提

高军队的战斗力，他所率领的蒙古铁骑，战无不胜，他的指挥艺术和治军才能，更是千年一遇。成吉思汗不愧为"一代天骄"，是我国军事史上杰出的军事统帅和军事战略家。

成吉思汗本名铁木真，他出生的时候，他的父亲刚刚在一场战斗中取胜，抓获了地方的首领铁木真兀格。他的父亲杀死了这名勇士，并给自己的儿子取名叫铁木真，当时的习俗认为这样勇士的气质就会遗传给这个刚出生的婴儿。做父亲的看见自己的孩子生得满面红光，心里特别高兴。再看孩子的小手握得紧紧的，就掰开来，看见孩子的手心里竟然握着一块长矛形状的黑血。也许这就是天意，铁木真注定要一生手持长矛，拼杀于战场之上。家里人都很高兴，觉得这孩子以后应该是一员勇将。

但是他们怎么也不会想到，这个婴孩远不是一员勇将那么简单，长大后他成为了一个纵横天下、横扫寰宇的军事家、政治家、思想家。他在四十多年里，以总数不到四十万人的军队，先后灭掉了四十多个国家，七百二十多个民族，消灭各国军队的人数超过了千万，征服了各民族人口数目达六亿。他所建立的蒙古帝国，是人类有史以来版图最大的国家。稳定时期版图面积超过三千五百万平方公里，版图最大时期面积超过四千五百万平方公里。

成吉思汗是蒙古族的骄傲，更是中华民族的自豪。

然而伟人的童年也是坎坷的，铁木真9岁时父亲被杀，和弟弟妹妹跟随母亲一起生活，经常被草原上的其他部族欺负。铁木真为躲避仇人的追杀，曾躲进森林，在抓与逃的童年中渐渐长大。

长大后的铁木真，势力渐渐壮大起来。他要改变自己和家族的困境，也要改变草原的境况。而这个时候，他所面对的

就是一个充满阶级矛盾和民族矛盾的草原乱摊子。草原上的各部落互相仇视，战火不断，人民生活苦不堪言，都对战乱充满厌倦。金朝统治者一方面瓦解分化草原各部落，一方面疯狂掠夺草原的丰厚资源。

铁木真就是在这重重困境中脱颖而出，创造出了辉煌的历史功绩。

他首先以迂回战法实施突袭，打败了自己的夺妻仇家蔑儿乞部，提高了自己的实力与威望。1189年，也就是28岁那年，他被推举为"汗"。建立起一整套巩固自己地位的制度，并组建了一支精悍的部队，为后来的一系列战争做好了准备。

后来金朝讨伐背叛金朝的塔塔儿部，铁木真没有忘记杀害父亲的仇人，于是与金兵一起作战。他以突袭的手段一举消灭塔塔儿部的首领，这次以后，他的汗位和威信又提高了。

后来就只剩下实力强大的王罕部落，

一决胜负的时刻是避免不了的。1203年，
王罕密谋杀死铁木真未成，然后又发兵
来袭击他。铁木真吃了败仗后重整旗鼓，
采用偷袭战术，一面假意和王罕谈和，一
面秘密包围王罕营地，发起猛烈进攻。
经过三天三夜的激战，终于击溃了王罕
的主力军队。铁木真获得了登上汗位以
来最大的胜利，在蒙古他已经获得了大半
的天下。

在1206年，他终于打败了最
后一个强敌乃蛮部，并向
西征服了阿尔泰山、向
东征服了黑龙江上游的各
个部落溃散的贵族，成为
第一个统辖全蒙古的最高
统治者，开创了一个新的历史
格局。铁木真被大家尊称为成
吉思汗，也就是"非凡的领袖"的
意思。成吉思汗即位以后，让自己
的部下创造了蒙古文字，改变了

蒙古族结草刻木记事的传统，这是蒙古汗国历史上的一大创举。由于有了文字，在成吉思汗死后不久，第一部蒙古民族的古代史《蒙古秘史》也诞生了。成吉思汗还在建国初就下令制定了成文法。

而此时金朝并没有看到蒙古草原的强大，还让他们进贡。1211年，成吉思汗大举进兵金朝，他要一改草原屈辱的地位。他选了精锐骑兵三千南下进攻金朝，结果把前来抵抗的三十万金兵打得一败涂地。两年之后，蒙古兵又攻打金朝的中都（今北京市），成吉思汗和他的四个儿子分兵几路，在河北的广阔平原上横冲直撞，所向无敌。新即位的金宣宗吓得赶紧献出公主和大量的金帛，成吉思汗这才退出了居庸关。但是时隔不到半年，成吉思汗再次趁机南进，以招降和围城攻打相结合的策略，占领了中都。

1219年，有一支蒙古商队受成吉思汗的派遣到西方去，经过中亚古国花剌子模，被当地长官杀害，货物都被扣留了。成吉思汗闻讯大怒，他岂能容忍别人这样蔑视他的王国？于是挥军西征。花剌子模国仗着自己很强大，从来只知道欺负别的国家，没把蒙古人放在眼里。直到他在西辽边境遭遇到蒙古小股部队，才见识到成吉思汗蒙古铁骑的厉害。成吉思汗调动全国军队二十万西进，一直把花剌子模的国王追到了里海边的小岛上，眼见他病死才暂作休息。后来便一发不可收拾，蒙古骑兵继续向西，占领了现在的中亚西亚各国，前锋一直打到现在的欧洲东部和伊朗北部，才收兵回国。

　　成吉思汗这一生还五次攻打西夏，1226年，他最后一次举兵南下。从今天的新疆地区出发，攻下了今天的甘肃敦煌、酒泉、张掖，越过黑水、贺兰山，攻取了武威，与西路

军会合后歼灭了西夏主力军。成吉思汗的蒙古铁骑真是踏遍千山万水，无人可阻。然而西夏即将灭亡的时候，一代天骄成吉思汗在军中因病去世了，终年66岁。临终前他还总结作战经验，强调要发挥骑兵的特长，力求在野战中歼灭敌人，并指定第三子窝阔台继续他未完成的事业。

成吉思汗一生的战绩，可谓硕果累累，他创建了世界上最大版图的帝国；建立了最早的运输联络系统；将军事艺术推向冷兵器时代的最高峰；是具有世界影响力的历史人物；他是最早实行政治民主的帝王；他还奉行宗教信仰自由的政策；他最早提出并实践了"全球化"。

（二）纵横天下的蒙古铁骑

成吉思汗一生叱咤风云，他有着伟大的军事战略思想，同时也善于用人，他招纳贤臣，还吸收了很多汉人军工家来为他制造先进的武器装备。但其取胜的关键，是他麾下的几十万蒙古精锐骑兵。

成吉思汗用兵也看重精而非多，蒙古铁骑最多时也不过四十万，一般在二十万左右。蒙古骑兵是从训练最好的士兵中选出来的。他们从小就与戈壁沙漠为伴，在严格的骑马射箭中度过童年，因此每个人都具有驾驭马匹和使用武器的惊人本领。甚至能在快速撤退的时候回头射击跟在他们后面的敌人。蒙古骑兵还是

一支绝对忠诚的军队，对待主人绝无二心。

想成为一匹蒙古战马也不容易，需要经过严格的训练才能过关。蒙古马不管春夏秋冬都放在野外，必要时可以连日行走却不需吃任何东西，与欧洲的战马相比，具有极强的忍耐力。

蒙古军作战时，常常喜欢先派一支小部队迎战敌人，假装抵抗一下就撤退，诱使敌人追赶。他们撤退时非常有耐心，甚至可以后退几天，直到敌人进入了他们的埋伏圈，才一举反击。

蒙古军还常常运用计谋，大胆行动，迅速捣毁敌方的城池。领头的轻骑兵速度飞快，在对方还没来得及关闭城门时就已经不顾安危地冲了进去。然后外围军队给予配合，一起攻城。

如果守城的部队胆敢抵抗，那么成吉思汗的工兵就会很快在城墙上打开一个缺口，或快速为不骑马的纵队骑兵做好攻城准备。他们往往会发射燃烧箭，将城市烧成一片火海，再趁乱强攻进去。如果他们爬城时遇到困难，就会使用残酷无情的心理战手段，让一大群俘虏走在前面，这样守城部队要消灭他们，就必须先杀死自己的同胞。这种方法常常使他们获胜。

金朝和西夏抵抗不了强盛的蒙古铁骑，欧洲军队更是完全不能适应骑彪悍大马、高度灵活的蒙古骑兵的作战方式。横扫寰宇的蒙古骑兵对世界历史产生了深远的影响。

九、戚继光的戚家军

（一）抗倭名将戚继光

戚继光是明代著名的抗倭将军，在临海更是赫赫有名。戚继光17岁就袭职登州卫指挥金事，从此开始了他的戎马生涯，南抗倭寇，北镇边疆，建立了不朽的功勋。他智勇双全，深通韬略，治兵有方。他指挥的戚家军，甚至出现过歼敌千人，而戚家军没有一人伤亡的罕见战例。

戚继光出身于将门世家，他的父亲戚景通是一位文武双全的将领，56岁才有了戚继光这个儿子。但戚景通却从小严格管教戚继光，有一天他发现戚继光脚上穿了一双十分考究的棉丝编织的鞋子，非常生气地说："你这么小就享受荣华富贵，等你长大了就会追求更豪华的生活，那还怎么勤俭治家吗？这样的人当上将军还不得克扣士兵的军饷啊？"后来，戚景通知道鞋子原来是外祖父家送的，但还是不允许戚继光穿。

戚继光十几岁就跟随父亲勤学苦练武艺，志向远大，小小年纪就语出惊人："封侯非我意，但愿海波平。"

在明世宗的时候，日本南北朝内战中失败的南朝武士丧失军职，成为"浪人"，就与我国的不法商人相勾结，还吸收了一部分破产的农民，组成海盗集团，经常坐船来到中国的东南沿海地区，他们走私贩卖，烧杀抢夺，这就是历史上所说的"倭寇"。

而少年戚继光的志向就是要打击猖獗的倭寇，还临海居民安宁的生活。

1548年，20岁的戚继光就开始奉命率领士兵镇守蓟门。25岁的他开始进入山东抗倭，战功显赫。28岁终于有机会被派到浙江抗倭，他以激动的心情写下了《过文登营》，最后两句尤显英雄气概："遥知百国微茫外，未敢忘危负岁华。"

戚继光决心在抗倭战场上有一番作为，为祖国的尊严而战，为民族的气节而战。

（二）号称"戚老虎"的戚家军

戚继光调到浙江抗倭时，发现那里军队纪律松散，战斗力非常差，于是决定招募新军。他把告示一贴出来，就有一批

吃苦耐劳、勇猛健壮的农民和矿工自愿参军。这些人大都吃过倭寇的苦头，所以义愤填膺、精神顽强，再经过戚继光的严格训练，战斗力特别强。"戚家军"的名气就逐渐传开了。后来几经作战，规模逐渐扩大。

戚家军的纪律非常严明，只要出征时有扰民行为的一律斩首，所以这也是一支无论走到哪里都会获得百姓支持的军队。很多少数民族都愿意为之效命，忠心不二。一支军队受到这样的拥戴是不常见的。

戚家军的军法也赏罚分明：如果作战的时候不尽全力，就会被斩首。如果斩首敌人，那么每获得一个敌人首级，奖励白银四十两。这样士兵自然都会奋勇杀敌，以一当百，坚持作战到胜利或者战死沙场。

戚家军被倭寇惶恐地称为"戚老虎"，百战不败。一个非常重要的原因就

在于戚继光的治军思想极其先进。配备
了后膛的神威将军炮、佛郎机炮、大口径
的加农炮、倭刀、铁甲，戚家军的装备在
当时可称是东亚第一，世界前茅。

戚家军在后来的岁月里，创造了无数
辉煌，转战浙江福建，屡战屡胜。

从嘉靖三十八年戚家军建军到万历
十一年戚继光去职，勇猛顽强的戚家军
总共杀敌十五万多人，在基本和平的万历
年间是极其突出的战绩。

（三）戚家军驱逐倭寇

倭寇由于害怕戚家军，所以经常在各
地逃窜，那么戚家军也就跟随着倭寇转
战，历经十年，江浙福建一带的倭寇都不
敢再出没，怕得逃了回去。

1552年，浙江一带倭寇猖獗，官吏百
姓死在倭寇手里的有数十万人。1556年，
经他人推举，戚继光奉命镇守宁波、绍

兴和台州。第三年，有数千名倭寇入侵临海桃渚。戚继光采取了分兵把口、虚张声势，然后集中兵力进攻倭寇主力的战略。他先是了解了地形，然后做了详细的部署。

接着，戚继光和谭纶率兵悄悄开进桃渚城里。第二天，军旗晃晃，倭寇不知道底细，不知道是抵抗好还是逃跑好。倭寇头目坚持抵抗，当他们冲到城下时，城头上火炮齐发，倭寇就在炮声中一片一片倒下去。残余倭寇退到了章安一带，戚家军又追到了章安。经过一场激战，倭寇死的死，逃的逃。幸存的倭寇一听到戚继光的名字就不敢再与戚家军交锋，逃得远远的。

1561年，倭寇进攻台州的府城临海。戚继光知道后，连夜率领戚家军从宁海赶到了临海。倭寇趁戚家军奔波而来，第一时间就发起了进攻。戚家军一路奔波，没有休息，也没有吃饭，就投入了激

烈的战斗。看着倭寇气势汹汹地扑过来，
戚家军火器齐发，倭寇成片地倒下去。战
斗结束，总共杀死倭寇三百多人，生擒倭
寇首领两人，缴获了战利品六百五十多
件，解救了被倭寇掠夺的百姓五千多人，
而戚家军仅有三人阵亡。

　　倭寇头目听说了这件事，心疼自己的
精锐部队被摧毁，气急败坏地烧毁船只，
重新组织队伍两千多人，继续进攻台州
城，表示"拼死一战，打败戚家军"。戚
继光听说后也临阵鼓舞士兵们："他们

拼死一战想打败我们，那我们就能让他
们打败吗？我们要更加展现我军的威猛，
让他们败得更惨！"接着，戚家军从台州
城出发，追击倭寇，两军在大田相遇。善
于审时度势的戚继光很快发现这一带的
地形很适合打埋伏战，如果在这里设下
圈套，那么胜利便近在咫尺。然而倭寇头
目也发现了这里是个打埋伏的好地方，
也布置了伏兵，想让戚家军进入包围圈。
结果出现了两军谁也不前进，只是对峙
的局面。这时，一场大雨打破了这僵局，
雨点落得天昏地暗，双方只好各自收兵回
营。机会属于有准备的人，戚继光没有放

松战斗,他命令军队暗中抢占有利地点,做好下一仗的准备。最后虽然敌众我寡,但是地形有利,使倭寇怎么也不能攻破戚家军的防线,更进不了台州城。戚家军最后终于在大田大败倭寇。

倭寇一次一次被击败,想逃往海里,但他们已经把船只烧毁了。于是从城东绕道逃向白水洋。这早被戚继光料到,并且已经准备好了"痛打落水狗"的战略。因此白水洋成了戚家军最后消灭倭寇的地方,具有历史意义。戚继光凭着对这一带地形的熟悉,决定在上峰岭设下埋伏等

待倭寇。上峰岭森林茂密，岩石陡峭，居高临下，前面是溪水，后面是青山，唯独中间有一条小路。戚继光为了麻痹敌人，命令一队人马虚张声势，装扮成戚家军主力的样子，使劲追赶倭寇。倭寇忙着逃跑，也没有料到途中有埋伏。此时，戚继光正率领主力部队从小路提前赶到了上峰岭。当倭寇进入包围圈以后，戚继光一声令下，炮火齐发，倭寇还没来得及做出反应的时候就已经死伤了一大半。倭寇根本没有看见戚家军在什么地方，到处乱窜，戚家军以乱箭结果了剩余的倭寇，并缴获了倭寇的所有辎重，救出了一千多名被掳走的群众。

横行多年的倭寇终于平息了。浙江、福建等沿海地区的居民终于迎来了和平安定的生活，经济也逐渐繁荣起来。戚继光在抗倭战争中建立起来的卓越历史功绩以及戚家军的勇猛顽强，也将永远被后世人民称颂。

十、曾国藩的湘军

（一）近代史上的一座丰碑——曾国藩

曾国藩，湖南人，是我国清朝的军事家、理学家、政治家、书法家以及文学家。曾国藩早年的时候，热衷于追求功名，1838年，27岁的曾国藩中了进士，进入翰林院。此后十年，他倾心研究古典诗文、宗明理学，成为一名正统的封建理学家。1853年初，太平军向湖南进军，曾国藩就此弃文就武。创建了一支在后来闻名遐迩的军队——湘军。曾国藩在近代军事史上占有极其重要的地位，是近代史上的一座丰碑。

曾国藩在历史上影响这么大，但他小时候天赋却不是很高。有一天晚上他在家读书，对一篇文章重复读了不知道多少遍，可他还是没能背下来。这时候一个贼偷偷地潜伏在他的屋檐下，希望等学子睡觉之后能找到点儿值钱的东西。但是左等右等，这读书人就是不睡觉，还是一遍又一遍地在那读那篇文章。贼实在是没有耐心了，急得跳出来大骂："就这种水平还读什么书啊？"然后将那篇文章背诵一遍，头也不回地走了。

但曾国藩在后来的岁月中，凭着在困难面前坚韧不拔的精神，终成一代伟人。

曾国藩是中国近代历史上真正积极实践的开拓者。他指导建造了我国第一艘

轮船，建立了第一所兵工学堂，第一次翻译印刷了西方书籍，他还安排了第一批去美国留学的学生。

中国自古就有修身齐家治国之说，但很少有人能全做到，曾国藩可谓一个全才。他形成了自己的一套修身理论和修身方法，比如每天需早起、不能恋床；每天需要读史书二三十页，即使有事也不能间断；每月作诗文数首，不可一味耽搁。

曾国藩虽然在同辈士大夫中天赋属中等，但一生意志坚强，勤学好问。每天都写日记反省自己、监视自己、教训自己，从而终成大器，百炼成钢。他埋头苦干，在困难面前能够再接再厉，坚持到底。

（二）湘军

从带兵的那天起，曾国藩就决心建造一支全新的战斗力强的军队。他参照了

戚继光的练兵经验，加上自己的想法，以及考虑到太平军的特点，逐渐形成了一支勇猛强大、清政府不得不依靠的军队。

湘军的选拔强调精而不是多，曾国藩吸取了戚家军的方法，招募了一批英勇强壮、朴实、技艺熟练的人。又将他们按故乡所在地分在各个团队，曾国藩认为这样一来，战友亦是同乡，作战时也会上下一心而不至于彼此弃而不管。

湘军还很注重兵士和武器的组合搭配，比如将冷兵器和火器相配合；大小战船相配合；一个团营里将领和士兵的配合等等。

湘军的思想教育工作，也成为后世的典范。曾国藩以儒家精神练兵，使湘军成为一支有信仰的队伍。他作《爱民歌》，然后在湘军内推广，使全军声威大震。

湘军的待遇也非常高，是湖南一带种田农民的三四倍，这吸引了很多青年农民来参加。曾国藩对于在战斗中建立功绩者,奖赏更多。

后来,湘军果然在对敌战斗中一鸣惊人。

每次作战,湘军每到一地,即使只住一夜也一定要筑起很高的壁垒,没筑完便不吃饭不休息。可见曾国藩特别注重防守,这与他喜读《孙子兵法》有很大关系。

曾国藩还特别注重选择有利的地形。湘军驻扎营地,一定要靠近水源,以免被敌人切断水源,因为没有粮食一般人尚可坚持两天,但没有水却万万不行。另外湘军也不驻扎在低洼之处,以免被水淹。

曾国藩还从国外购买了很多先进的武器,使得湘军的配备不断雄厚起来。这也是与太平军夺取胜利的一个重要因素。太平军在外交和内政上都很失败,如果想得到先进武器只能靠缴获。如此武器对比，太平军迟早是要失败的。

这支军队挽救了清王朝，为清政府的政治稳定作出了巨大贡献，但它更是曾国藩的骄傲。曾国藩在湘军内部深得人心，因为这支军队不受他人调动，连皇帝派来的军机大臣都不听，但曾国藩千里之外的一张书信却可以任意支配军队。可见曾国藩在湘军中的威望。后来，曾国藩不再出任湘军的统领，却依然是湘军的实际领袖。

（三）太平军的宿敌

太平天国起义的爆发吹响了覆灭清王朝的号角，也改变了曾国藩一生的命运，使曾国藩弃文从武。

曾国藩的湘军与太平军的交战历程非常坎坷。太平军虽然是劳动者出身，但却善于在战争中积累经验；而他们的领导人，如杨秀清、石达开、陈玉成、李秀成等都是非常有天赋的军事家。所以新成长的湘军是屡战屡败，屡败屡战，但最终凭着坚忍不拔的精神取得了胜利。

1854年，太平军在湖北战船接连取胜，转而进攻湖南。曾国藩于是率领湘军去迎战太平军，出征之前，他特意表明心迹，宁愿卧薪尝胆、玉石俱焚，一定要夺取胜利。后来两军在湘潭、岳阳展开了拉锯战。但由于湘军没有太多作战经验，曾国藩也是第一次指挥战斗，被太平军打败。但湘潭那边的湘军却取得了很大的胜利，这才使曾国藩重新打起精神。

之后曾国藩率领湘军在岳阳与太平军作战，反败为胜，并攻入了湖北，十月份占领了武汉。人们对湘军刮目相看。

然而刚刚从武不久的曾国藩在九

江、湖口遭遇了太平天国的优秀统帅石达开，又免不了一次失败。后来的战斗中，湘军也是时胜时败。

　　天京之战，湘军和太平军这一对老对手终于一决雌雄，结束了各自的历史使命。这一战也非常激烈艰难。1862年，曾国藩命令向天京发动全面进攻。曾国荃一军远超其他各部，率先围攻了天京。战况非常激烈，曾国荃围攻不久，李秀成和李世贤就集合了十万多人联合天京守军，接连地向湘军发起猛攻。双方均有重大伤亡，但湘军还是凭借着坚固的营垒和先进的火器占有了一定的优势。而太平军靠人海战术猛攻，每天将近有七八千人伤亡，何其残酷、何其悲壮。太平军日夜强攻，湘军感到越来越吃力。后来湘军的援军赶到，形势开始扭转，在经过了长达四十六天的大决战之后，湘军终于攻进了天京城，结束了与太平军的最后一战。

可以说曾国藩并不是常胜将军，湘军也不是常胜军队，但这支临时武装起来的军队，却最终战胜了强大的太平军，为清王朝镇压了太平天国起义。胜利的原因就在于湘军的坚韧。曾国藩屡战屡败，屡败屡战，练就了一副打不败的身板，实在令人钦佩。而湘军屡屡被打败却并不溃散，而是具有非常强的向心力，迅速组织在一起形成有战斗力的团体。这种屡败屡战，坚忍不拔的军队在历史上是不多见的。